SAINT NIL

Traité de la Prière

Traduction du R. P. Dom J. JOLIET,

Moine de Solesmes

ÉDITIONS DE LA VIE SPIRITUELLE

SAINT-MAXIMIN

(Var)

TRAITÉ DE LA PRIÈRE

Extrait de **La Vie Spirituelle**

juillet 1925

SAINT NIL

Traité de la Prière

Traduction du R. P. Dom J. Joliet,
Moine de Solesmes.

Éditions de la Vie Spirituelle

SAINT-MAXIMIN

(Var)

SAINT NIL

TRAITÉ DE LA PRIÈRE

PROLOGUE

Je brûlais de la fièvre des mauvaises passions, mais comme à l'ordinaire le simple toucher de ta pieuse lettre m'a remis, et par une heureuse imitation du grand Maître et Docteur tu as ranimé mon esprit fatigué à l'extrême. Rien d'étonnant à cela, car tu as toujours eu les parts de choix, comme le bienheureux Jacob. Après un excellent service en vue de Rachel tu as reçu Lia, et tu recherches encore la bien-aimée pour qui tu avais déjà fourni sept années pleines. Quant à moi, j'avouerai qu'ayant peiné toute la nuit je n'avais rien pris, néanmoins sur ta parole j'ai jeté le filet, et j'ai pêché une foule de poissons au nombre de 153, dont je n'ose dire qu'ils soient grands. Je te les envoie dans la corbeille de la charité, en un même nombre de chapitres, en accomplissement de ta requête. Vraiment je t'admire et j'envie ton excellente disposition et le très vif désir que tu as de ces chapitres sur l'oraison; car ton désir ne se borne pas à des mots tracés à la main avec l'encre sur du papier, mais tu veux ce qui est fixé dans l'esprit par la charité oublieuse des injures.

Toutes choses vont par paires, se répondant l'une à l'autre (1), dit le fils de Sirach ; reçois donc mon traité suivant la lettre et suivant l'esprit. Tu sais bien d'ailleurs comme l'esprit l'emporte sur la lettre, car s'il fait défaut il n'y aura pas de lettre non plus. C'est ainsi qu'il y a une double manière de prier, l'une pratique, l'autre spéculative ; de même pour les nombres, il y a la quantité qui est obvie et la qualité qui est symbolisée par les chiffres.

En divisant mon traité de l'oraison en 153 articles, je t'envoie un mets bien évangélique. Tu y trouveras les charmes des nombres symboliques (2), et la figure du triangle et de l'hexagone, dont le premier représente la saine doctrine de la Trinité, et le second la description de l'ordre de ce monde. 100 est un nombre carré, et 53 se compose d'u nombre triangulaire 28, et d'un nombre sphérique 25 fait de 5 fois 5. Dans le carré tu as le septénaire des vertus ; et le nombre 25 figure la connaissance profonde du siècle présent, à cause de la révolution des temps. La semaine en effet succède à la semaine, le mois au mois, et d'année en année le temps reprend son circuit par le mouvement du soleil et de la lune, suivant le cours du printemps et des autres saisons. Quant au nombre triangulaire tu y trouveras l'image de la Sainte Trinité. On

(1) Eccli., XLII, 25.

(2) Les anciens avaient le goût des spéculations sur les propriétés des nombres. Ainsi saint Augustin au sujet des 153 poissons en ses *Traités sur Jean* ; Clément d'Alexandrie, *Strom.* VI, 11 ; Philon, *Quaest. in Gen.* II, 63, 80. Il n'est pas invraisemblable que des auteurs inspirés eux-mêmes y aient songé, saint Jean par ex. pour le chiffre qui nous occupe, et pour 666 qui est aussi triangulaire. La Genèse, VI, 30, donne 120, nombre triangulaire et hexagonal, comme durée de la vie humaine. On peut lire Boèce, *de Arithmetica*, P. L. LXIII, qui résume a science de l'antiquité et ses laborieux procédés de calcul.

peut opérer autrement : par l'addition des nombres successifs depuis l'unité on obtient le nombre triangulaire 153, ce qui fait penser à la physique, la morale et la théologie, ou encore à l'or de la foi, à l'argent de l'espérance et aux pierres précieuses de la charité. Voilà pour la signification du nombre.

Quant aux chapitres mêmes, tu n'en mépriseras pas la petitesse, car tu sais t'adapter à l'abondance et à la privation, et tu te souviens du Maître qui n'a pas rejeté les deux liards de la veuve, mais les a même préférés à la richesse des autres. Enfin, comme tu connais le prix de la bienveillance et de la charité, tu recommanderas à tes bons frères de prier pour l'infirme afin qu'il aille bien, et emportant son grabat qu'il marche désormais, par la grâce du Christ notre vrai Dieu, à qui soit la grâce dans les siècles des siècles. Amen.

———————

1. Si l'on veut préparer un parfum exquis, la Loi prescrit de mélanger à parties égales l'encens diaphane, la cannelle, l'onyx et la myrrhe (1) : c'est le quaternaire des vertus. Si elles sont en pleine mesure et bien en équilibre, l'esprit est à l'épreuve de toute défaillance.

2. L'âme purifiée par la plénitude des vertus établit l'esprit dans un ordre inébranlable, grâce auquel il peut obtenir la constance qu'il recherche.

3. La prière est un commerce de l'esprit avec Dieu. Il ne faut pas une médiocre constance à l'esprit pour sortir

(1) Ex., xxx, 34.

de soi et aller vers son propre Maître dans une quiétude sans défaillance, et pour converser avec lui sans intermédiaire.

4. Quand Moyse voulut s'approcher du buisson ardent, il en fut empêché tant qu'il n'eut pas quitté ses chaussures. Et toi, qui veux voir celui qui dépasse toute pensée et tout sentiment, tu ne te dégagerais pas de toute notion sensible ?

5. Prie d'abord pour recevoir le don des larmes, afin d'amollir par tes pleurs la rudesse de ton âme ; puis tu obtiendras le pardon en confessant ton iniquité au Seigneur.

6. Use des larmes en toutes tes demandes, car ton Seigneur se plaît fort à accueillir la prière faite avec larmes.

7. Quand même tu verserais des torrents de larmes à l'oraison, ne t'enfle pas comme si tu valais mieux que les autres. Car ce n'est qu'un secours donné à ton oraison, pour confesser généreusement tes péchés et apaiser le Seigneur.

8. Ne change pas en passion ce qui était un remède contre les passions, ce serait irriter davantage l'auteur de ce don. Beaucoup qui pleuraient leurs péchés ont oublié le but de leurs larmes, et pris de folie ils se sont fourvoyés.

9. Maintiens-toi virilement dans une oraison soutenue, et écarte soucis et pensées qui se présentent. Cela te troublerait, te fatiguerait et dissiperait ton attention.

10. Quand les démons te voient tout désireux de vraiment prier, d'abord ils te suggèrent la pensée de choses bien nécessaires, puis vite ils t'en enlèvent le souvenir.

Cependant ils t'excitent à les rechercher, et ton esprit qui ne les trouve pas s'attriste fort et se dépite. Lorsque enfin tu es à l'oraison, ils te remémorent ce que tu cherchais, et ton esprit se relâchant à cet objet perd le fruit de l'oraison.

11. Au temps de l'oraison, efforce-toi de rendre ton esprit sourd et muet ; alors tu pourras prier.

12. S'il survient quelque épreuve ou contradiction qui t'excite à un mouvement de colère vengeresse ou à un éclat de paroles, souviens-toi de l'oraison et du jugement qui t'y attend, et de suite ton mouvement désordonné s'apaisera.

13. Toute œuvre de vengeance contre un frère qui t'a offensé te sera une pierre d'achoppement au temps de l'oraison.

14. L'oraison est fleur de la douceur et de la mansuétude.

15. L'oraison est fruit de la joie et de l'action de grâces.

16. L'oraison est sauvegarde contre la tristesse et le découragement.

17. Vends tes biens et donne-les aux pauvres, prends ta croix et renonce-toi, et tu pourras prier sans distraction.

18. Si tu veux prier dignement, renonce-toi à chaque instant, et accepte avec sagesse toute espèce d'ennuis en vue de l'oraison.

19. Toute peine acceptée et supportée avec sagesse, tu en trouveras le fruit au temps de l'oraison.

20. Si tu veux prier comme il faut, n'aie pas l'âme triste, sans quoi vains efforts.

21. Laisse ton offrande, est-il dit, devant l'autel, et va d'abord te réconcilier avec ton frère, après quoi tu prieras en paix (1). Car la rancune obnubile l'esprit de celui qui prie et enténèbre ses oraisons.

22. Qui pense prier en amassant chagrins et rancunes, ressemble à celui qui puise de l'eau et la verse dans un tonneau percé.

23. Si tu es patient, tu prieras toujours dans la joie.

24. Au milieu d'une bonne oraison, des incidents surviendront tels que tu estimes parfaitement juste de te mettre en colère ; mais la colère contre le prochain n'est jamais justifiée : cherche, et tu trouveras une manière de tout arranger sans colère. Use donc de tous les moyens pour ne pas éclater en colère.

25. Prends garde, sous prétexte de guérir ton prochain, de devenir incurable et de ruiner ton oraison.

26. Si tu ne t'emportes pas, tu apprendras à pardonner : tu te montreras prudent dans tes jugements et tu seras homme d'oraison.

27. Armé contre la colère, tu ne seras jamais vaincu par la convoitise ; car c'est elle qui fournit matière à la colère, trouble l'œil de l'esprit et ruine la constance de l'oraison.

(1) Matth., v, 24.

28. Ne prie pas seulement par des gestes extérieurs; mais avec une grande crainte de Dieu, porte ton esprit à prendre conscience de l'oraison spirituelle.

29. Parfois à peine appliqué à l'oraison tu prieras bien; d'autres fois après un long travail tu n'atteindras pas le but. C'est pour que tu redoubles d'efforts, et que ta conquête ensuite soit inviolable.

30. A la venue d'un ange, de suite tous les artisans de nos ennuis s'écartent, et l'esprit jouissant d'une grande liberté se trouve prier comme il faut. Parfois au contraire la guerre accoutumée nous presse, l'esprit se débat sans pouvoir reposer, assiégé qu'il est de passions diverses. Et pourtant, qu'il prolonge sa recherche et il trouvera, et il lui sera ouvert s'il frappe avec insistance.

31. Ne prie pas pour l'accomplissement de tes volontés, car elles ne concordent pas du tout avec la volonté de Dieu. Bien plutôt, suivant l'enseignement reçu, prie en disant : que votre volonté se fasse en moi(1)! En toute chose demande-lui ainsi ce qui est bon et convient à l'âme, car de toi-même tu ne le chercherais aucunement.

32. Souvent dans mes prières j'ai demandé d'obtenir ce qui me semblait bon; et j'insistais dans ma requête violentant follement la volonté de Dieu, sans lui permettre de me procurer ce que lui-même savait me mieux convenir. Puis une fois exaucé, j'étais peiné à l'extrême d'avoir tant demandé que ma volonté se fît; car la chose ne tournait pas pour moi comme je m'étais figuré.

(1) Matth., VI, 10.

33. Rien n'est bon que Dieu. Remettons-lui donc tout ce qui nous concerne, et nous nous en trouverons bien ; car celui qui est pleinement bon ne peut donner que de bonnes choses.

34. N'exige pas à la manière des puissants satisfaction immédiate de ta requête, car Dieu veut accroître ses bienfaits par ta persévérance à la prière. Rien n'est plus grand en effet que de converser avec Dieu et d'être retenu dans sa société.

35. La prière est une ascension de l'âme vers Dieu.

36. Si tu veux prier, renonce à toutes choses afin de posséder le tout.

37. Prie d'abord pour être purifié des passions, puis délivré de l'ignorance, et enfin de toute tentation et déréliction.

38. Dans ta prière cherche seulement la justice et le règne de Dieu, c'est-à-dire la vertu et la science, et tout le reste te sera ajouté.

39. Il est juste de ne pas prier seulement pour sa propre purification, mais encore pour tous les frères, afin d'agir comme les anges.

40. Examine si tu es vraiment attaché à Dieu dans l'oraison, ou asservi aux louanges des hommes, te servant de l'oraison comme d'un voile pour les capter.

41. Que tu pries avec les frères ou bien seul, efforce-toi de prier de cœur et non par routine.

42. Le propre de l'oraison c'est le recueillement accompagné de piété, de componction et de douleur de l'âme, qui confesse ses péchés avec de muets gémissements.

43. Si ton esprit regarde dehors au temps de l'oraison, tu ne pries pas encore comme un moine, mais comme un mondain qui prend soin de l'extérieur.

44. Quand tu pries, prends bien garde de laisser ta mémoire te proposer ses souvenirs, qu'elle te serve plutôt à ramener ton attention à Dieu ; car la mémoire a coutume de ravager terriblement l'esprit au temps de l'oraison.

45. La mémoire te rappelle à l'oraison l'image des faits passés, ou de nouveaux soucis, ou encore le visage d'un fâcheux.

46. Le démon est fort envieux de l'homme qui prie, et il use de tout moyen pour ruiner ses desseins. Sans cesse donc il lui suggère des pensées par la mémoire, et par la chair il soulève toutes les passions, afin d'empêcher, s'il le peut, sa marche excellente et son ascension vers Dieu.

47. Quand le méchant démon après beaucoup d'efforts n'a pu empêcher l'oraison du religieux, il se retire pour un temps, et prend sa revanche quand elle est finie. Il allume le feu de la colère pour dissiper l'excellent repos établi par l'oraison, ou il insulte à l'esprit par l'aiguillon d'un plaisir sensuel.

48. Après une bonne oraison, attends-toi à des suggestions mauvaises, et garde soigneusement le fruit de ta prière. Car dès le principe tu as été établi pour travailler et garder (1). Garde donc le fruit de ton labeur, sans quoi ton oraison est vaine.

49. Tous les assauts que nous livrent les esprits impurs n'ont pas d'autre enjeu que l'oraison spirituelle; car elle leur fait une guerre acharnée, tandis qu'elle est pour nous une source de salut et de joie.

50. Quand ils excitent en nous la gourmandise, l'impureté, l'avarice, la colère, la rancune et les autres passions, les démons n'ont qu'un but, c'est que notre esprit appesanti ne puisse plus prier comme il faut; car, sous l'empire des passions inférieures, il n'est plus libre de se mouvoir suivant la raison et de chercher le Verbe de Dieu.

51. Nous atteignons les vertus par les raisons d'être des choses, et ces raisons par le Seigneur qui les constitue. Quant à Dieu, il a coutume de se manifester dans la contemplation.

52. La contemplation est une forme de prière dégagée de tout le sensible, qui par un amour extrême ravit aux sommets du monde spirituel l'âme (2) vraiment sage et spirituelle.

53. A qui veut prier vraiment il ne suffit pas de dominer colère et concupiscence, mais il faut encoie être dégagé de toute notion sensible.

---

(1) Gen., II, 15.
(2) Le grec a πνευματικὸν νοῦν. J'ai dû pour une fois traduire par âme au lieu d'esprit, à cause de l'adjectif qui l'accompagne. C'est la partie supérieure de notre nature dans la division tripartite. Cf. chap. 101, 110, 132. Νοῦς équivaut à πνεῦμα de saint Paul.

54. Qui aime Dieu converse toujours avec lui comme avec son Père, dans le dégagement de toute notion sensible.

55. Il ne suffit pas d'être dégagé du sensible pour aussitôt prier en vérité ; car on peut s'attacher à des notions abstraites, et se distraire à leurs développements en demeurant loin de Dieu.

56. Quand l'esprit ne s'attarde plus aux notions abstraites des choses, il n'a pas pour autant atteint le domaine de la contemplation. Car il peut s'occuper de la théorie des choses et de leurs raisons d'être. Or ces discours, par le fait qu'ils sont des représentations des choses, impressionnent l'esprit et l'écartent loin de Dieu.

57. Si même l'esprit a dépassé la théorie des choses matérielles, il ne voit pas encore le domaine parfait de Dieu ; car il peut demeurer dans la connaissance des intelligibles et s'y disperser.

58. Si tu veux faire oraison, c'est Dieu qui donne l'oraison à qui l'en prie. Invoque-le donc en lui disant : Que votre nom soit sanctifié, que votre règne arrive ! c'est-à-dire le Saint-Esprit (1) et votre Fils unique. Car tel est son enseignement, d'adorer Dieu, c'est-à-dire le Père en Esprit et en Vérité ; et ces trois sont un seul Dieu.

59. Celui qui prie en Esprit et en Vérité ne tire plus des créatures les louanges qu'il donne au Créateur, mais c'est de Dieu même qu'il loue Dieu.

(1) Il semble bien que Nil vise la curieuse leçon qui dans le *Pater* de Luc substitue la demande du Saint-Esprit à celle du règne.

60. Si tu es théologien, tu prieras vraiment ; et si tu pries vraiment, tu es théologien.

61. Si ton esprit, dans son grand désir de Dieu, se dégage peu à peu de la chair pour ainsi dire, et écarte toutes les pensées qui viennent de la réflexion ou du tempérament, et qu'en même temps il soit rempli de piété et de joie ; alors tu peux penser être parvenu aux confins de la contemplation.

62. L'Esprit-Saint, par compassion pour notre faiblesse, nous visite même encore non purifiés. Si alors nous le prions avec droiture, il se rend maître de notre esprit et dissipe la tourbe des raisonnements et des pensées qui l'assiègent, et ainsi il le porte aux œuvres de l'oraison spirituelle.

63. Par leur action sur les sens, les créatures (1) impriment dans notre esprit des visions, pensées et raisonnements. Dieu au contraire investit l'esprit même, lui infuse la connaissance à son gré, et par l'esprit apaise le déséquilibre de la chair.

64. Colère et rancune sont une insanité chez le dévot de la vraie oraison. Autant vaudrait rechercher une vue perçante en se troublant les yeux.

65. Si tu désires prier, ne fais rien d'opposé à l'oraison, afin que Dieu s'approche et marche avec toi.

---

(1) Littéralement : les autres, et comme l'opposition est à Dieu, ce sont les créatures ; nos connaissances nous viennent en effet par les sens. Mais il est vraisemblable que Nil songe ici plus spécialement aux démons.

66. Dans l'oraison ne te fais pas en toi-même de représentation de Dieu, et ne laisse pas ton esprit subir l'impression d'aucune forme; mais va immatériel à l'Immatériel et tu le joindras.

67. Prends garde aux pièges des ennemis. Au milieu d'une oraison pure et tranquille, soudain se présente à l'esprit quelque forme nouvelle et étrange. C'est pour te faire croire que tu as touché Dieu, et te persuader par cette vision soudaine que Dieu est mesurable. Mais Dieu n'a ni mesure ni figure.

68. Quand l'envieux démon ne peut agiter la mémoire durant l'oraison, alors il pèse sur les humeurs du corps pour former quelque phantasme nouveau et en impressionner l'esprit. Celui-ci est aisément vaincu s'il est attaché aux notions distinctes, et trompé il prend la fumée pour le feu, lui qui tendait à une connaissance dégagée de matière et de forme.

69. Fais bonne garde, préservant ton esprit de toutes notions au temps de l'oraison, afin qu'il demeure dans sa solitude. Alors celui qui compatit aux ignorants te visitera, et tu recevras un degré éminent de contemplation.

70. Embarrassé dans les choses matérielles et agité de continuels soucis, tu ne peux prier avec pureté; car l'oraison est le dégagement de toutes notions.

71. On ne court pas enchaîné. De même l'esprit soumis aux passions ne peut parvenir à l'oraison spirituelle; il est tiré et poussé çà et là par les notions sensibles et ne peut se fixer.

72. Quand l'esprit prie avec pureté, stabilité et vérité, alors les démons ne l'attaquent plus par la gauche mais par la droite. Ils lui représentent la gloire divine en quelque tableau agréable aux sens afin qu'il pense avoir atteint parfaitement le but de l'oraison. Mais cela, disait un admirable contemplatif, est une illusion et le jeu du démon qui touche le cerveau et secoue les veines.

73. Le démon qui touche ainsi le cerveau tourne la lumière de l'esprit comme il veut et excite les illusions. Il oriente l'esprit à de subtiles et savantes considérations, en vue de se former une connaissance substantielle de la divinité. Comme l'esprit n'est plus gêné par les passions charnelles mais établi dans la pureté, il ne peut croire que des forces ennemies agissent encore en lui; alors il regarde comme divine cette révélation que le démon opère en lui.

74. Si l'ange de Dieu survient, d'un seul mot il nous débarrasse de toute l'action de l'ennemi, et ramène la lumière de l'esprit à son œuvre de vérité.

75. Quand l'Apocalypse déclare que l'ange prend un parfum pour le joindre aux prières des saints (1), je pense qu'elle parle de cette grâce opérée par l'ange. Il communique en effet la science de la vraie oraison, et l'esprit demeure désormais délivré de toute agitation, paresse et négligence.

76. Les parfums des coupes (2), est-il dit, sont les prières des saints offertes par les 24 vieillards.

(1) Apoc., VIII, 3.
(2) Le grec porte : les coupes de parfums. Mais le sens est attesté par Apoc., V, 8, et déjà rappelé au ch. 75 ; au contraire au ch. 77, Nil donnera le symbolisme de la coupe.

77. Par la coupe il faut entendre l'amour envers Dieu, la parfaite charité spirituelle dans laquelle s'opère la prière en Esprit et en Vérité.

78. Si tu penses n'avoir plus besoin de pleurer tes péchés dans la prière, considère combien tu t'étais éloigné de Dieu alors que tu devrais toujours être avec lui, et tes larmes redoubleront.

79. Certainement oui, si tu connais ta mesure, tu gémiras sans peine, te condamnant avec Isaïe comme impur, ayant des lèvres impures, au milieu d'un peuple impur (1). Tu as l'audace au contraire de te présenter au Seigneur des armées.

80. Si ton oraison est vraie, ta foi trouvera une parfaite assurance, et des anges viendront illuminer pour toi les raisons des événements.

81. Les saints anges nous meuvent à l'oraison et nous assistent joyeusement en priant pour nous. Si donc nous sommes négligents et accueillons des pensées profanes, nous les irritons vivement : tandis qu'ils combattent si bien pour nous, nous ne voulons même pas implorer Dieu pour nous-mêmes; nous méprisons leurs services et nous abandonnons le Seigneur leur Dieu, pour nous mêler aux démons impurs.

82. Prie avec calme et sans trouble, psalmodie avec intelligence et harmonie, et tu seras comme l'aiglon suspendu en l'air.

83. La psalmodie réduit les passions et apaise l'intem-

(1) Is., VI, 5.

pérance du corps ; mais l'oraison fait agir à l'esprit son acte propre.

84. L'oraison est l'acte vraiment digne de l'esprit, qui y exerce son meilleur discernement en toute pureté.

85. La psalmodie est l'image de la sagesse multiforme, mais l'oraison est le prélude de la connaissance simple (1) et immatérielle.

86. La science est une chose excellente. Elle collabore avec l'oraison et excite la puissance supérieure de l'esprit à la contemplation des choses divines.

87. Si tu n'as pas encore reçu la grâce de l'oraison ou de la psalmodie, insiste et tu la recevras.

88. Le Seigneur dit à ses disciples en une parabole comment il faut toujours prier sans se décourager (2). Donc ne te décourage pas ni te dépite pour n'avoir pas encore reçu, tu recevras plus tard. Il termine ainsi la parabole : Encore que je n'aie pas crainte de Dieu ni souci des hommes, néanmoins à cause des importunités de cette femme je lui rendrai justice (3). Ainsi Dieu fera justice à ceux qui l'invoquent constamment jour et nuit. Aie donc bon courage et persévère avec zèle dans la sainte oraison.

---

(1) Le grec a ποιχίλης, le même adjectif traduit plus haut : *sagesse multiforme*. L'erreur est manifeste par l'opposition du présent chapitre et par tout le contexte. Le plus simple est de supposer la chute d'un α, et de lire ἀποιχίλης. La traduction latine de *Bibliotheca veterum Patrum*, t. VII, p. 1153, Lyon 1677, l'entend de même.

(2) Luc, xviii, 1.

(3) Luc, xviii, 4, 5.

89. Ne veuille pas que ce qui te concerne réussisse à ton gré, mais suivant le bon plaisir de Dieu ; alors ton oraison sera toujours dans la tranquillité et l'action de grâces.

90. Même dans la familiarité de Dieu, prends garde au démon de l'impureté, car c'est un rude trompeur et très envieux. Il espère par sa subtilité triompher de l'entrain et de la vigilance de ton esprit, et le distraire de Dieu près de qui il se tenait dans la piété et la révérence.

91. Si tu as souci de l'oraison, sois prêt aux assauts des démons et supporte patiemment leurs coups ; car ils se jetteront sur toi comme des bêtes fauves et te mettront à mal tout le corps.

92. Tiens-toi prêt comme un lutteur éprouvé. Si un fantôme apparaît soudain, ne bronche pas ; si une épée est brandie contre toi ou si un éclair frappe ta vue, ne sois pas troublé ; si tu vois quelque spectre hideux et sanglant, que ton âme ne défaille pas. Mais tiens ferme dans la confession de ta sainte foi, et tu domineras facilement tes ennemis.

93. Qui supporte la peine trouvera la joie, qui persévère au milieu des ennuis aura sa part d'agrément.

94. Prends garde aux visions trompeuses des méchants démons. S'il s'en présente, demeure recueilli et attentif à l'oraison, et demande à Dieu de te faire voir lui-même si la chose vient de lui, sinon de chasser vite le séducteur. Sois sûr que les chiens lâcheront prise, si tu t'adresses à Dieu avec ardeur ; ils fuiront vite bien loin sous les verges mystérieuses et invisibles de la puissance divine.

95. Une ruse des démons est bonne à connaître : A l'occasion ils se divisent en deux groupes, et si tu demandes de l'aide, les autres viennent sous forme angélique chasser les premiers. C'est pour te mieux tromper ensuite, te faisant croire que ce sont vraiment de saints anges.

96. Applique-toi beaucoup à l'humilité, et la malice du démon ne blessera pas ton âme, et aucun fléau ne s'approchera de ta tente, car il a ordonné à ses anges de te garder : ils chasseront invisiblement loin de toi toute l'activité des ennemis.

97. Qui s'adonne à une oraison pure pourra entendre bruits et fracas, voix et coups; mais sans être abattu ni perdre son sang-froid il dira à Dieu : Je ne crains aucun mal, car vous êtes avec moi; et autres paroles semblables.

98. Au temps de pareilles tentations, use d'une prière brève et intense.

99. Si les démons te menacent par des apparitions soudaines en l'air, de folles terreurs qui emportent ton esprit, ou des attaques sur ton corps comme des fauves, ne t'épouvante pas et ne prends aucun souci de leurs assauts. Par ces terreurs ils expérimentent si tu fais quelque attention à eux, ou au contraire si tu les méprises complètement et demeures dans ton oraison, bien uni à Dieu tout-puissant Créateur et Providence.

100. Quelle absurdité, étant appliqué à Dieu, d'oublier sa crainte souveraine et de te troubler pour des moustiques ou des scarabées! Ne sais-tu donc pas qu'il est écrit : Tu craindras le Seigneur ton Dieu (1)? Et encore : Lui dont

(1) Deut., x, 20.

la puissance est l'objet de l'effroi et du tremblement uni-
versels (1). Et le reste.

101. Comme le pain est la nourriture du corps et la
vertu celle de l'âme, ainsi la contemplation est la nourriture de l'esprit.

102. Prie dans le sanctuaire de l'oraison comme le
publicain et non comme le pharisien, afin d'être toi aussi
justifié par le Seigneur.

103. Prends bien garde de ne prier contre personne
dans ton oraison, sans quoi tu ruinerais l'édifice en
rendant ta prière abominable.

104. Instruis-toi par le débiteur des dix mille talents;
si tu ne remets pas à ton débiteur, tu ne trouveras pas
merci toi-même, comme il est écrit : Il fut livré aux
bourreaux (2).

105. Quand tu vaques à l'oraison, néglige les incom-
modités du corps. Pour un pou, une puce, un moustique
ou une mouche, ne va pas perdre l'excellent fruit de l'o-
raison.

106. On nous a rapporté qu'un saint homme d'oraison
fut étrangement persécuté par le malin. A peine il étendait
les mains que le diable, sous la figure d'un lion les pattes
dressées, enfonçait ses griffes dans les deux joues de l'ath-
lète; et ne le lâchait pas qu'il n'eût baissé les mains. Mais
il ne les laissa jamais retomber avant d'avoir achevé ses
prières accoutumées.

(1) Cf. Joël, II, 10, 11.
(2) Matth., XVIII, 34.

107. Nous connaissons un fait analogue de Jean le Petit, assurément un très grand moine, qui vivait solitaire dans une fosse. Il demeura inébranlable dans son union à Dieu, tandis que le démon, sous forme de dragon enroulé autour de lui, malaxait sa chair et lui éructait au visage.

108. Tu as sûrement lu aussi dans les vies des moines de Tabenne le cas de l'Abbé Théodore faisant la conférence aux frères. Deux vipères vinrent à ses pieds ; tranquillement il les reçut sous sa tunique comme dans une chambre jusqu'à la fin de la conférence. Alors il les montra aux frères en leur racontant l'incident.

109. J'ai lu d'un autre homme spirituel, que durant son oraison une vipère vint lui mordre le pied. Mais il ne laissa pas fléchir ses mains jusqu'à la fin de sa prière accoutumée ; il ne subit aucun dommage, lui qui avait aimé Dieu plus que soi-même.

110. Garde tes yeux recueillis pendant la prière, et renonçant à ta chair et à ton âme vis suivant l'esprit.

111. Un saint solitaire priait fortement quand des démons l'assaillirent deux semaines durant. Ils jouaient à la paume avec lui, le lançant en l'air et le recevant sur une natte ; mais ils ne purent jamais détacher son esprit de sa fervente oraison.

112. Un autre ami de Dieu assidu à l'oraison marchait dans le désert. Deux anges survinrent qui se plaçant à ses côtés faisaient route avec lui. Mais il ne fit aucune atten-tion à eux, afin de ne pas perdre le bien suprême. Il se souvenait du mot de l'Apôtre : ni les anges, ni les principautés, ni les puissances ne pourront nous séparer de la charité du Christ (1).

113. Par la vraie oraison le moine devient semblable aux anges.

114. Si tu désires voir la face du Père, écarte toute forme ou figure au temps de l'oraison.

115. Ne désire pas voir sensiblement les anges ni les puissances ni le Christ même, de crainte de perdre complètement la raison, et de recevoir le loup au lieu du berger, en adorant les démons ennemis.

116. Le principe de cette erreur, c'est l'illusion de l'esprit qui le pousse à chercher Dieu sous des formes ou des figures.

117. Je dirai ma pensée que je dis même aux jeunes moines : Heureux l'esprit dégagé de toute forme au temps de l'oraison.

118. Heureux l'esprit qui par une oraison sans distraction conçoit toujours un plus grand désir de Dieu.

119. Heureux l'esprit qui au temps de l'oraison est immatériel et pauvre.

120. Heureux l'esprit qui au temps de l'oraison possède la parfaite insensibilité.

121. Heureux le moine qui s'estime la balayure de tous.

(1) Rom., VIII, 38.

122. Heureux le moine qui regarde avec pleine joie le salut et le progrès de tous comme le sien propre.

123. Heureux le moine qui après Dieu estime tous les hommes comme Dieu même.

124. Le vrai moine est séparé de tous et uni à tous.

125. Le vrai moine se considère en union avec tous, car en chacun il croit toujours se voir soi-même.

126. C'est la parfaite oraison que de toujours offrir à Dieu les prémices de toutes ses pensées.

127. Comme moine et ami de l'oraison évite tout mensonge et tout serment, sinon c'est peine perdue de simuler ce que tu n'es pas.

128. Si tu veux prier en esprit, ne tire rien des sens ; ainsi tu seras débarrassé des nuages qui t'enténèbrent au temps de l'oraison.

129. Remets à Dieu le soin de ton corps, et par là tu lui prouveras que tu lui confies aussi ton esprit.

130. Si tu gagnes les promesses, tu régneras. Regarde donc de ce côté, et tu porteras joyeusement la pauvreté présente.

131. Ne récuse pas pauvreté ni tribulation, ce sont les matériaux de la prière alerte.

132. Les vertus du corps doivent s'ordonner à celles de l'âme, et celles-ci à celles de l'esprit ; ces dernières enfin à la contemplation immatérielle.

133. Si à l'oraison les distractions renaissent facilement, examine quelle en est la cause, pour éviter de t'égarer dans quelque embûche et de te livrer à la séduction.

134. Il arrive que les démons te suggèrent des distractions, puis ils t'excitent à prier contre et à leur résister, et ils se retirent spontanément. C'est pour te tromper et te donner de la vanité, comme si tu étais parvenu à vaincre les distractions et à effrayer les démons.

135. Dans la prière contre une passion ou un démon importun, souviens-toi de la parole : Je poursuivrai mes ennemis et je les atteindrai, je ne m'arrêterai pas qu'ils ne tombent et je les écraserai, ils ne pourront tenir et s'abîmeront sous mes pieds (1) ; et le reste. Avec ces paroles opportunes arme-toi d'humilité contre les adversaires.

136. Ne crois pas posséder la vertu avant d'avoir lutté jusqu'au sang pour l'acquérir ; car suivant le divin apôtre, il faut tenir bon contre le péché jusqu'à la mort, virilement (2) et sans reproche.

137. Si tu as rendu service à quelqu'un, un autre va te faire tort, afin que l'injustice t'abatte et que tu fasses quelque sottise, dissipant mal ce que tu avais bien gagné. Tel est le but des méchants démons, il faut donc prendre garde.

138. Reçois les assauts furieux des démons avec le souci d'échapper à leur servitude.

---

(1) Ps. XVII, 38, 39.
(2) Hebr., XII, 4. En comparant les deux textes grecs, la citation n'est pas douteuse.

139. De nuit c'est par eux-mêmes que les démons cherchent à troubler le maître spirituel. Puis de jour à l'aide des hommes ils le soumettent aux dangers, accidents et calomnies.

140. Ne récuse pas les foulons, s'ils battent en piétinant et s'ils cardent en étirant; c'est par ce travail que ta sensibilité se clarifie.

141. Tant que tu n'as pas renoncé aux passions et que ton esprit s'oppose à la vérité et à la vertu, tu ne trouveras pas de suave parfum dans ton sein.

142. Désires-tu prier? Quitte ce bas monde et prends toujours ta société dans les cieux, non pas seulement en paroles, mais par des actes angéliques et la divine contemplation.

143. Si dans l'adversité seulement tu te souviens du Juge et combien il est terrible et incorruptible, tu ne sais pas encore servir le Seigneur dans la crainte et te réjouir en lui dans le tremblement. Sache bien que même dans la prospérité et les consolations spirituelles, il faut l'adorer avec d'autant plus de respect et de réserve.

144. Vraiment sage est l'homme qui, avant sa parfaite conversion, ne quitte pas le souvenir douloureux de ses propres péchés, et de la damnation au feu éternel qui les punit.

145. Celui qui, retenu encore dans les péchés et la colère, ose impudemment se hausser à la contemplation des choses divines et s'élever à l'oraison purement spirituelle, mérite le blâme de l'Apôtre, et il lui est dangereux de prier tête nue et sans voile : La femme doit, dit-il, avoir un voile de dignité sur sa tête, à cause des anges présents (1), se revêtant de la pudeur et de l'humilité convenables.

146. Qui a mal aux yeux ne profite pas de l'éclat du soleil en plein midi, inaccessible en son intensité et son extrême splendeur : de même l'esprit encore impur et troublé par les passions ne saurait profiter aucunement de la forme d'oraison en Esprit et en Vérité, si redoutable et éminente. Bien au contraire ce serait provoquer contre lui l'indignation divine.

147. Le Seigneur n'a besoin de rien et ne se laisse pas corrompre par des présents ; il n'accueille pas celui qui offre ses dons à l'autel avant réconciliation avec le prochain chagriné contre lui. Juge par là de quelle garde et de quelle discrétion il faut user pour offrir un encens agréable à Dieu, sur l'autel spirituel.

148. Ne sois pas verbeux ni glorieux, sans quoi ce n'est pas sur ton dos mais en plein visage que travailleront les pécheurs ; tu seras leur jouet au temps de l'oraison séduit et attiré par eux en des distractions.

149. La recherche attentive de l'oraison trouvera l'oraison ; il faut donc s'y appliquer, car même s'il y a des délais cette recherche aboutit à l'oraison.

150. La vue est le meilleur des sens, ainsi l'oraison est la plus divine des vertus.

(1) I Cor., XI, 10.

151. Ce n'est pas tant la quantité que la qualité qui fait le prix de l'oraison, comme le montrent les deux hommes qui montèrent prier au temple ; et encore : quand vous priez, pas de flux de paroles (1) ; et le reste.

152. Tant que tu t'occupes de la commodité du corps et en recherches les agréments, tu ne connais pas encore l'oraison ; tu es même loin de l'heureux chemin qui y conduit.

153. Si dans l'oraison tu rencontres une joie supérieure à toute autre, tu as trouvé la vraie prière.

Traduction du R. P. Dom JEHAN JOLIET,
moine de Solesmes.

(1) Matth., VI, 7.

Ligugé (Vienne)

Imprimerie E. Aubin